This book belongs to:

____

Made in the USA
San Bernardino, CA
30 November 2019

60673438R00062